8° Y th
1.0.f.07

RÉPERTOIRE
DU THÉÂTRE MODERNE

LES LUTTEUSES

FOLIE EN UN ACTE

PAR

MM. MARQUET ET DELBÈS

Représentée pour la première fois, sur le Théâtre des Bouffes
Parisiens, le 17 novembre 1867.

DIRECTION DE MM. DUPONTAVISSE ET LEFRANC

PARIS
E. DENTU, ÉDITEUR
LIBRAIRE DE LA SOCIÉTÉ DES GENS DE LETTRES
PALAIS-ROYAL, 17 ET 19, GALERIE D'ORLÉANS.

LES
LUTTEUSES

LES
LUTTEUSES

FOLIE EN UN ACTE

PAR

MM. MARQUET ET DELBÈS

Représentée pour la première fois, sur le Théâtre des Bouffes Parisiens, le 17 novembre 1867.

DIRECTION DE MM. DUPONTAVISSE ET LEFRANC

PARIS

E. DENTU, ÉDITEUR

LIBRAIRE DE LA SOCIÉTÉ DES GENS DE LETTRES

PALAIS-ROYAL, 17 ET 19, GALERIE D'ORLÉANS

—

1867

PERSONNAGES

PAINRASSIS, vieux notaire............	MM. Lacombe.
MERLANDIER, marchand modiste.....	Oscar.
AJAX...............................	Dumoulin.
THÉODORE, fils de Merlandier........	Cooper.
M⁻⁰ MERLANDIER...................	Mmes Thierret.
FRANÇOISE, nourrice................	Angèle Legrand.
BÉRÉNICE, fille de M Merlandier.....	Antonia.
ROSALIE, ⎫	Laure.
OLYMPE, ⎬ modistes.	Fontaine.
AMANDA, ⎪	Nelly.
NINI, ⎭	Moïna.

L'action se passe à Boulogne-sur-Mer.

Nota. Les numéros de la mise en scène sont pris de la gauche du spectateur.

POISSY. — TYP. ET STÉR. DE A. BOURET.

LES LUTTEUSES

Le théâtre représente un grand salon. — Fenêtre au fond laissant voir la mer. — Plusieurs portes latérales à droite et à gauche. — De chaque côté sont suspendus deux trapèzes, se faisant vis-à-vis. — Près du plus élevé des deux, une échelle double appuyée au mur. — A droite, premier plan, un dynamomètre, dit tête de Turc. — A gauche, premier plan, un berceau d'enfant. — Près du berceau, un guéridon, sur lequel sont pêle-mêle des fleurets, gants, bâtons, masques. — Panoplies aux murs. — Çà et là, des haltères. — A droite, contre le mur, un grand cerceau de cirque recouvert d'un papier tendu. — Pas de siéges.

SCÈNE PREMIÈRE

FRANÇOISE, puis MADAME MERLANDIER *.

Au lever du rideau, Françoise, près du berceau, fait comme si elle berçait un enfant.

MADAME MERLANDIER, en dehors.
Françoise !...
FRANÇOISE.
Voilà, madame !...
MADAME MERLANDIER, entrant de droite.
Françoise ! Françoise !
FRANÇOISE.
Je suis là, madame Merlandier.
MADAME MERLANDIER.
Je le vois bien que vous êtes là !... Mais vous flânez !

---

* Françoise, madame Merlandier.

FRANÇOISE.

Moi ?... Si on peut dire !... — Cuisinière, femme de chambre, et nourrice sur lieu... n'y a guère moyen de flâner... — Je rechangeais le p'tiot.

MADAME MERLANDIER.

L'avez-vous trempé ce matin dans un bon seau d'eau de puits ?

FRANÇOISE.

Pas encore, madame.

MADAME MERLANDIER.

Oh ! l'hydrothérapie ! c'est souverain !...

Air : *Il était un p'tit homme.*

De la philanthropie
Le dernier mot vraiment,
 Maintenant,
C'est l'hydrothérapie,
Ma foi, c'est un charmant
 Traitement !
Il a, Dieu merci,
Toujours réussi
A n'importe qui...
 Sauf à
 Ponia !...
 Sauf à
 Ponia...
Sauf à Poniatowski !

Cher enfant !... celui-là, au moins il aura une éducation virile !... Je veux qu'il soit fort comme un Turc ; je veux qu'en me voyant passer on dise : C'est la mère d'un Turc !... et dès qu'il marchera, je le confie à M. Paul.

FRANÇOISE.

Votre professeur de Gymnastique ?... c'est ça un rude lapin !

MADAME MERLANDIER.

Il nous donne des leçons à toutes : à moi, à ces demoiselles, à ma fille Bérénice ;... jusqu'à mon grand dadais de Théodore, qui y mord très-bien !

FRANÇOISE.

Et moi, donc !... il m'apprend la canne.

MADAME MERLANDIER.

Très-bien, la nourrice !... Votre lait n'en sera que plus généreux... O la boxe! le trapèze! la lutte!... la lutte surtout! j'en rêve!... S'entrelacer, s'étreindre, voir bondir ses pectoraux!... Dieux! si j'étais homme!...

FRANÇOISE.
Mais vous n'êtes que modiste... V'là l'chiendent!...* car enfin, ça n'en a pas l'air, mais c'est ici le plus bel atelier de modistes de Boulogne-sur-Mer... Ah! j'oubliais, madame, v'là vos lettres.

MADAME MERLANDIER.
Voyons?... Encore des commandes!... il s'agit bien de ça!... quand je donne ce soir un assaut monstre! auquel j'ai invité voisins, amis et connaissances... Je veux qu'à Boulogne-sur-Mer on voie un spectacle, comme Paris lui-même n'en a pas encore offert à ses nobles visiteurs... des luttes de femmes!

FRANÇOISE.
Des luttes de femmes! ça doit-y être farce!

MADAME MERLANDIER.
Dis que ce sera splendide!... (Ouvrant une dernière lettre.) Qu'est-ce que c'est que celle-là?... O bonheur! elle est de lui! il viendra!...

FRANÇOISE.
Qui ça donc, madame.

MADAME MERLANDIER.
Un lutteur de Paris... l'hercule que j'attends! le Rocher de Saint-Malo.

FRANÇOISE.
Que l'on voit sur l'eau?

MADAME MERLANDIER.
Pas celui-là.

FRANÇOISE.
Dites donc, madame... et le bourgeois? M'sieu Merlandier?

MADAME MERLANDIER.
Merlandier?... prrrou!...

FRANÇOISE.
Quand il va revenir, qu'il verra tout sens dessus dessous... il va faire un drôle de nez!

MADAME MERLANDIER.
Je m'importe peu du nez de ce voyageur... Mais que fait donc Bérénice? elle n'en finit pas!... il est temps d'aller prendre nos douches... Oh! ces petites filles... pas de sang! pas de sang!... (Sortant à droite.) Bérénice!... Bérénice!...

---

* Madame Merlandier, Françoise.

SCÈNE II

FRANÇOISE, seule.

Sataué M. Paul! il nous a toutes ensorcelées, quoi!... Voyons donc... il y a un coup, que je ne peux pas y arriver... Pourtant je m'exerce dans la cuisine, que j'en ai cassé tous les poêlons... Censément que je suis-t'-attaquée par trois militaires. (Faisant des voltes avec son plumeau.) Que je te vous les époussʼto!... et v'li! et v'lan!... (Merlandier entrant par la gauche reçoit le coup.)

MERLANDIER, sur le seuil.
Ah! saperlotte!

FRANÇOISE.
Le bourgeois!... oh! la la! (Elle se sauve à droite.)

SCÈNE III

MERLANDIER, AJAX*.

MERLANDIER.
Cette fille est idiote!... Entrez donc, mon cher Ajax... J'en aurai l'œil à la coque... mais ne faites pas attention; et asseyez-vous, mon gendre... Eh bien! où sont donc les chaises?... pas de chaises? je vais...

AJAX.
Ne vous dérangez pas.

MERLANDIER.
Soit... Savez-vous que voilà six ans que vous avez quitté Boulogne-sur-Mer?

AJAX.
Pour faire mon droit à Dijon.

MERLANDIER.
Oui; et je vous retrouve notaire.

AJAX.
Ma foi, presque!... J'ai traité avec maître Painrassis, notaire à Beaune... ce monsieur que vous avez vu avec moi...

MERLANDIER.
Il a l'air fort grave... un peu collet monté...

---

* Ajax, Merlandier.

AJAX.
Il n'est pas précisément folâtre... Avant de terminer, il tient à voir dans quelle famille je vais entrer.
MERLANDIER.
C'est trop juste... Mon Dieu, vous nous retrouvez tous tels que vous nous avez quittés.
AJAX.
Vous portez toujours de la flanelle ?
MERLANDIER.
De plus en plus.
AJAX.
Et... mademoiselle Bérénice.
MERLANDIER.
Oh!... pas elle!
AJAX.
Non!... Je veux dire : elle est toujours...
MERLANDIER.
Charmante!... Et puis vous verrez Théodore...
AJAX.
Qui ça, Théodore ?
MERLANDIER.
Mon fils!... il était en pension, quand...
AJAX.
Ah?... (A part.) Diable! ça va rogner la dot.
MERLANDIER.
Et puis, mon petit dernier.
AJAX.
Encore un! Ah! mais, permettez... (A part.) Ça la rogne trop !
MERLANDIER.
Qu'est-ce que vous voulez?... le voisinage de la mer...
AJAX, à part.
Comment l'entend-il?
MERLANDIER.
Un vrai amour... Et, tenez*... (Il va au berceau.) Ah! il dort.
AJAX, vivement.
Oh! ne le réveillons pas!
MERLANDIER, examinant le salon.
Mais... qu'est-ce que j'aperçois là?
AJAX.
Des trapèzes. Vous n'avez donc jamais vu Léotard?

* Merlandier, Ajax.

MERLANDIER.
Ma femme aura acheté ça pour Dodore.
AJAX.
Probablement.. (Désignant le trapèze de gauche.) Celui-ci, tenez... qui est tout bas... ça se monte, ça se descend, suivant les progrès du jeune homme.
MERLANDIER.
C'est ça... (Montrant le dynamomètre.) Et là? cet instrument?
AJAX.
Un dynamomètre... une tête de Turc.
MERLANDIER.
Qui diantre a apporté tout ça chez moi? (Arrivant aux haltères, près de la porte.) Et ceci?...
AJAX.
Des haltères... je connais! (Essayant en vain de soulever le plus gros des haltères.) Oh! celui-là... il est gelé.
MERLANDIER, se baissant pour les regarder.
Ah? ça s'appelle des...

SCÈNE IV

Les Mêmes, THÉODORE.

THÉODORE, entre de gauche en franchissant son père à saute-mouton *.
Houp, là!... Tiens, c'est p'pa!...
MERLANDIER.
Attends! attends, polisson! (Il veut lui donner un coup de pied, Théodore lui ramasse la jambe.)
THÉODORE.
Ah! t'es pris par la guibole, là **!
MERLANDIER.
Veux-tu bien me lâcher!... tu vas me faire tomber.
THÉODORE, le lâchant.
Respect aux pyramides!
MERLANDIER.
A-t-on jamais vu?... (Le pinçant par l'oreille.) Ah! je te pince à mon tour!
THÉODORE.
Oh! la la!... la la!

* Merlandier, Théodore, Ajax.
** Ajax, Merlandier, Théodore.

MERLANDIER.
Qui est-ce qui vous a donné de pareilles manières, drôle?
THÉODORE.
P'pa, c'est m'sieu Paul.
MERLANDIER, étonné.
M. Paul?... (A Ajax.) Mais je vous laisse là, tout debout...
(A Théodore.) Va donc chercher des chaises, toi...
AJAX.
Inutile... Vous le savez, il faut que j'aille rejoindre maître
Painrassis; je me suis chargé de vous le présenter.
MERLANDIER.
Faites vite, alors... et à bientôt.

ENSEMBLE.

Air *de la Vie Parisienne.*

A bientôt!
Au plus tôt,
Pour terminer notre affaire;
Dans { vos / mes } bras,
De ce pas
J'amène
Amenez } ce cher notaire.

(Ajax sort.)

SCÈNE V

MERLANDIER, THÉODORE *.

MERLANDIER, menaçant.
A nous deux, toi, gamin!
THÉODORE.
Papa!... pas de gestes!...
MERLANDIER.
Où est ta mère?
THÉODORE.
Elle est sortie.
MERLANDIER.
Et ta sœur?
THÉODORE.
Oh! comme tu dis bien ça!... Ma sœur?... avec elle... Elles sont aux douches.

* Merlandier, Théodore.

MERLANDIER.

Aux douches!... Seraient-elles devenues folles?... Ah! je suis furieux!

THÉODORE, câlin.

Dis donc, p'pa, donne-moi un cigare, hein?

MERLANDIER.

Un cigare!

THÉODORE.

Oui, un londrès.

MERLANDIER.

Un londrès!... Tiens, garnement! en voilà un!... (Il veut le gifler.)

THÉODORE, l'esquivant.

Oh! des nèfles! (Il sort à gauche.)

SCÈNE VI

MERLANDIER, seul.

Je peux dire que je tombe d'infiniment haut!... Que s'est-il donc passé depuis mon départ?... Tout cet attirail... Cette tête de Turc?... Sans doute pour essayer des turbans?... Voyons donc... une supposition. (Il retire la tête de bois de la boîte, la pose contre le mur, gardant à la main le turban.) On place le client comme ceci dans la boîte... (Il s'y met.) Ce n'est pas commode... Et puis, on lui met sur la tête... (Il se coiffe du turban... Rires au dehors.) Oh!... j'entends ces demoiselles... Écoutons! c'est le moyen de tirer au clair...

SCÈNE VII

MERLANDIER, FRANÇOISE, ROSALIE, OLYMPE, AMANDA, NINI, en costume d'ouvrières.

Tout en chantant, l'une prend des fleurets et fait des armes, l'autre lève des haltères, une autre monte sur le petit trapèze, etc*.

CHOEUR.

Air de *Don Quichotte* (Chansonnette. — Musique de Jouffroy.)

Vive, vive la gymnastique,
Dont partout le goût se répand!
Pan, pan!

* Olympe, Amanda, Françoise, Rosalie, Nini, Merlandie.

Chantons à fendre le tympan.
    Pan, pan!
La gymnastique, tique, tique,
Et son succès frappant, pan, pan!
Chacun s'applique, plique, plique
    A célébrer, pan, pan!
La gymnastique, tique, tique,
   Et son succès frappant!

NINI.

Pour parvenir faut être ingambe,
On atteint ce but envié,
Les femmes en levant la jambe,
Les hommes en levant le pied.

FRANÇOISE.

Moi, qu'est rempli' d'intelligence,
Me moquant du qu'en dira-t-on,
Autrefois, j'faisais danser l'anse,
Maint'nant, j'connais l'tour du bâton.

REPRISE ENSEMBLE.

Vive, vive, etc., etc.

MERLANDIER.

Elles sont enragées!

ROSALIE.

Assez d'modes pour aujourd'hui!

NINI.

Au diable les chapeaux, les rubans, les bavolets... et vive la gymnastique!

MERLANDIER.

La gymnastique?

OLYMPE.

C'est bien plus amusant que de s'abrutir dans le point d'Angleterre.

FRANÇOISE.

En fait de poings... parlez-moi de ceux-là!... Ah ça! n'oubliez pas : à quatre heures, répétition avec M. Paul.

MERLANDIER, à part.

Encore M. Paul?

OLYMPE.

Qu'est-ce qui paye le café?

ROSALIE.

Pas moi!

NINI.

Ni moi !

OLYMPE.

Jouons-le !

AMANDA.

Au trapèze ?

ROSALIE.

Aux haltères ?

OLYMPE.

A la tête de Turc ?

MERLANDIER.

Hein ?

TOUTES.

Oui... oui !...

OLYMPE.

En deux coups de poing liés. (Elles roulent Merlandier dans le dynamomètre au milieu du théâtre et l'entourent.)

FRANÇOISE.

J'en joue !

MERLANDIER, à part.

Elles vont m'exterminer !... (Rosalie frappe.) Ah !...

FRANÇOISE.

Oh ! mamzelle Rosalie... 27... c'est maigrelet. (Nini frappe.)

MERLANDIER.

Ah !!

FRANÇOISE.

Et vous, mamzelle Nini... 32... ça fait pitié !... Vous êtes donc en molleton ? Tenez, regardez-moi faire, moi !... (Elle retrousse ses manches.)

MERLANDIER, à part.

Ah ! bigre !

FRANÇOISE.

Gageons que j'amène 300 !

MERLANDIER, à part.

300 !!... nom d'une enclume !

AMANDA.

Vas-y la nourrice. (Françoise lève le bras.)

MERLANDIER, criant.

Arrêtez !...

FRANÇOISE.

Ah ! la tête du décapité qui parle !

MERLANDIER, sortant de la boîte.

Oui, tas de drôlesses !...

SCÈNE VIII

MERLANDIER, FRANÇOISE*.

MERLANDIER, qui l'a rattrapée par sa jupe.

Ah! j'en tiens une!... mais contenons-nous... Françoise! Est-ce que je vous paye des sommes folles pour me flanquer des coups de merlin sur l'occiput? (Il s'aperçoit qu'il a gardé le turban, le retire avec colère et le remet en place).

FRANÇOISE.

M'sieu, j'savais pas!... (Elle roule le dynamomètre à sa place et rétablit la tête de bois et le turban).

MERLANDIER.

Une nourrice!... Voilà comme vous comprenez votre mission?... (L'enfant crie.) Là, tenez!... vous entendez? il crie le petit... (Allant au berceau.) Oui, mon toutou; oui, mon canard!... Allons! baisez... baisez pépère!... (Se relevant vivement la main à son œil.) Ah! nom d'un p'tit bonhomme!... lui aussi!... perverti déjà!... Il connait la boxe française!!! (L'enfant crie.) Mais, il a soif... fichtre! donnez-lui donc...

FRANÇOISE.

Oui, monsieur, passez-le-moi.

MERLANDIER, allant pour le prendre, puis se ravisant.

Ah! mais, non! il n'aurait encore qu'à me... Prenez-le vous-même!... (L'enfant crie.) Mais, dépêchez-vous donc, saperlipopette!

FRANÇOISE **.

C'est que j'vas vous dire... c'est l'heure d'son bain.

MERLANDIER.

Quel bain?

FRANÇOISE.

J'vas l'tremper dans un siau d'eau d'puits.

MERLANDIER.

Mon rejeton dans un seau d'eau?

FRANÇOISE.

Bédame! c'est d'l'idiotheraspic. (Elle prend l'enfant.)

---

* Merlandier, Françoise.
** Françoise, Merlandier.

MERLANDIER.

Malheureuse! Je te le défends!... Pauvre chéri!

FRANÇOISE.

Ah ben! madame f'rait d'beaux cris si je ne le trempais point.

MERLANDIER.

Tu n'iras pas!

FRANÇOISE.

J'irai!

MERLANDIER.

Je te dis que non!... Ah! mais!... (Il lui barre le passage avec le grand cerceau.) Tiens! passe à présent!

FRANÇOISE.

La belle affaire!... (Elle saute avec l'enfant en crevant le papier du cerceau.)

SCÈNE IX

MERLANDIER, puis BÉRÉNICE et MADAME MERLANDIER.

MERLANDIER.

Elle a crevé le cerceau!... Une nourrice qui crève des cerceaux!... Mais, ça va faire tourner son lait!... Non! je ne suis plus à Boulogne, je suis à Charenton-sur-Mer!

MADAME MERLANDIER, en dehors.

Comment, il est arrivé?

MERLANDIER.

Ma femme!... je l'entends!

BÉRÉNICE, entrant en courant.

Ah! papa! (Elle lui saute au cou*.)

MADAME MERLANDIER.

Comment, c'est toi! (Elle arpente le théâtre.)

MERLANDIER, à Bérénice.

Bonjour, mon trésor!... J'ai bien des choses à te dire... Je t'ai apporté de Paris une ceinture.

MADAME MERLANDIER.

De natation?

BÉRÉNICE.

Quel bonheur!

MERLANDIER.

Non! pas de natation!... Et puis des gants.

---

* Madame Merlandier, Bérénice, Merlandier.

BÉRÉNICE.

Ah! ça me manquait!

MADAME MERLANDIER.

Oui, les siens sont tout crevés. (Elle montre un gant d'escrime déchiré.)

MERLANDIER.

Pas ça! pas ça!... Et puis je l'ai amené... mais c'est une grosse surprise... Je te conterai ça plus tard... J'ai à causer avec ta mère ; va te faire belle... je ne te dis que ça!...

BÉRÉNICE,

Oui, petit père! (Il l'embrasse sur le front. Elle sort.)

SCÈNE X

MERLANDIER, Madame MERLANDIER *.

MADAME MERLANDIER, tendant les bras.

Eh ben, et moi? on ne me dit rien?... Embrasse-moi donc! (Elle l'étreint dans ses bras, et l'enlève de terre.)

MERLANDIER.

Oh! crédié! tu m'étouffes!

MADAME MERLANDIER.

Ne fais pas attention!... quand on a pris une douche, vois-tu... on a une chaleur... une vigueur!... Oh! je ne tiens pas en place **, je bous, je pétille... j'aurais besoin de briser, de frapper quelque chose ou quelqu'un!... (Elle lui donne une bourrade.)

MERLANDIER.

Ouf!... elle aussi?... calme-toi, voyons, calme-toi!... J'ai renvoyé Bérénice afin de... (Prenant un ton solennel.) Madame Merlandier!

MADAME MERLANDIER, de même.

Mossieu Merlandier!

MERLANDIER.

Ce jour est un grand jour!

MADAME MERLANDIER.

Parbleu!... tout Boulogne y sera!

MERLANDIER.

Certainement que Boulogne y sera! un si joli mariage!

* Madame Merlandier, Merlandier.
** Merlandier, madame Merlandier.

MADAME MERLANDIER.
Hein! quoi?

MERLANDIER.
J'amène un prétendu.

MADAME MERLANDIER, avec mauvaise humeur.
Ah!

MERLANDIER.
Tu le connais... avec un notaire, tu verras... un jeune homme charmant!... pas le notaire!

MADAME MERLANDIER.
Il s'agit bien de ça!

MERLANDIER.
Comment?

MADAME MERLANDIER.
Enfin, je le verrai... je l'examinerai... Nous en causerons avec M. Paul.

MERLANDIER.
Encore M. Paul... on ne parle que de M. Paul... Qu'est-ce que c'est que ça, M. Paul?

MADAME MERLANDIER.
Un professeur de gymnastique.

MERLANDIER.
Ah bah!

MADAME MERLANDIER.
Qui nous enseigne la lutte.

MERLANDIER
La lutte?

MADAME MERLANDIER.
Comme dans l'antiquité!... quand les filles de Sparte luttaient, sans voiles, avec les jeunes Lacédémoniens... C'est de l'histoire, monsieur!

MERLANDIER.
De l'histoire ancienne.. J'espère bien que ma fille ne connaît pas cette histoire-là!

MADAME MERLANDIER.
Ta fille?... Elle fait le saut périlleux en arrière.

MERLANDIER, ébaubi.
Ah!!!

MADAME MERLANDIER.
Et avec une grâce... un charme... avec un chic!... je ne te dis qu'ça!

MERLANDIER.

Assez, madame.

Air : *C'est un tambour* (Chansonnette.)

Eh ! quoi, ma fille Bérénice
Se permet... j'en suis ahuri !
De faire un pareil exercice
Et de sauter comme un cabri ?
D'avance, je plains son mari !
Ah ! pour lui, quel triste présage !
Si sa future avec excès
Cascade avant le mariage...
Alors, que fera-t-elle après ?
Dites, que fera-t-elle après ?
Voyons, que fera-t-elle après ?
Ra-t-elle après ? Ra-t-elle après ?

MADAME MERLANDIER.

Ra-t-elle après, ra-t-elle après !... Parbleu !... elle fera comme sa mère !

MERLANDIER

Assez, vous dis-je !... Vous m'avez connu débonnaire... mais devant de pareilles extravagances... ma colère !... je ne réponds pas !...

MADAME MERLANDIER.

Qu'est-ce à dire ? Ce changement ?...

MERLANDIER.

A l'instant même, votre M. Paul, je le flanque à la porte !... je fais maison nette !... Et, pour commencer je démolis tout ça ! *.

MADAME MERLANDIER.

Malheureux !... c'est un sacrilége !

MERLANDIER, prenant l'échelle.

Oui ! tu vas bien voir !... ah mais !...

MADAME MERLANDINE, remuant l'échelle.

Mon trapèze... Vandale !... veux-tu laisser ça ?

MERLANDIER.

Térébenthine !... tu vas me jeter par terre ! (Il s'accroche au trapèze.) Finis donc ! oh ! que c'est bête ! (Il se réfugie sur le trapèze.)

* Madame Merlandier, Merlandier.

MADAME MERLANDIER.

Oh! tenez, vous êtes un tyran! (Elle le balance.)

MERLANDIER.

Mais, ne tire donc pas!... je suis très-mal là-dessus!

MADAME MERLANDIER.

Vous êtes mal?... Eh ben! tant mieux, restez-y! (Elle sort à droite emportant l'échelle.)

SCÈNE XI

MERLANDIER, AJAX, PAINRASSIS [*].

MERLANDIER.

Térébenthine! Térébenthine!

AJAX.

Venez, maître Painrassis.

MERLANDIER.

Le notaire... ciel!

PAINRASSIS.

Je ne sais si c'est l'effet de la température, mais je souffre de mes cors... je voudrais bien m'asseoir!...

AJAX.

Un peu de fatigue... vous prendrez un bain de mer.

PAINRASSIS.

Oh! oui!... je caresse cet espoir depuis Beaune... j'ai apporté mon costume... Oh! la mer!... Je ne l'ai jamais vue... elle n'arrive pas jusqu'à Beaune... alors je vous ai accompagné volontiers, en me disant : je verrai la mer... la plaine salée! (Il cherche à s'asseoir.)

MERLANDIER, à part.

Impossible de descendre!

PAINRASSIS.

Mais où est donc M. Merlandier?

AJAX.

Il ne peut être loin... Attendez!... je vais prévenir notre monde. (Il sort à droite.)

---

[*] Painrassis, Ajax, Merlandier.

SCÈNE XII

MERLANDIER, PAINRASSIS, puis THÉODORE.

PAINRASSIS.

Ah çà! il n'y a donc pas de siége... Il m'est bien doux de voir Ajax, mon jeune ami, entrer dans une famille où... il n'y a pas de chaises... non! où se sont conservés intacts les bonnes mœurs et le respect... (Il se trouve au-dessous de Merlandier, qui laisse tomber sur lui un de ses souliers.) Qu'est-ce que c'est que ça ?... Un soulier!!

MERLANDIER.

Oh! pardon! pardon!

PAINRASSIS.

Hein? un acrobate! Seriez-vous feu M. Saqui?

MERLANDIER.

Merlandier.

PAINRASSIS.

Ah bah?... Que diantre faites-vous dans cette nacelle?

MERLANDIER.

Moi... je... je vais vous dire, c'est rapport à mes cors.

PAINRASSIS.

Vos cors?

MERLANDIER.

Oui... quand ils m'élancent, le docteur m'a recommandé la suspension.

PAINRASSIS.

En vérité!... moi qui en souffre, il faudra que j'essaye... mais... venons au but! J'ai à vous faire une demande officielle. (Il met ses gants.)

MERLANDIER.

Il met ses gants... Impossible de mettre les miens.

PAINRASSIS.

Monsieur! nous avons vu Bérénice, nous avons aimé Bérénice... Et c'est au père de Bérénice...

MERLANDIER.

Abrégeons, hein?... Vous me demandez sa main?... Moi, je vous demande la vôtre.

PAINRASSIS.

Pardon... moi, je suis en puissance...

MERLANDIER.

Non! votre main pour descendre.

PAINRASSIS.

Permettez que je vous lise d'abord... certain document...
(Ne trouvant rien pour s'asseoir, il s'assied sur le petit trapèze.)

THÉODORE, entrant de droite, à part.

Tiens! P'pa qui sèche là haut!

MERLANDIER.

Mon Dieu, je m'en rapporte parfaitement!...

PAINRASSIS.

Non! non!... il est indispensable...

THÉODORE, se glissant au fond, vers la gauche.

C'monsieur?... Quelle binette!... Oh! une bonne farce! (Il va tourner la manivelle qui est contre la porte de gauche, et disparaît à gauche.)

PAINRASSIS, feuilletant des papiers.

Titres de propriétés... ce n'est pas ça... Purges légales... ce n'est pas ça... Actes de décès des ascendants... (Ici le trapèze de Painrassis, monte tout doucement jusqu'au niveau de celui de Merlandier.) Mais je monte... ô prodige!... qu'est-ce que ça veut dire?

MERLANDIER.

Je ne sais... je ne comprends pas... Du reste, c'est excellent pour les cors.

PAINRASSIS.

Tiens, au fait je ne suis pas faché d'essayer votre médication... Vous savez... quelquefois on dit... Ah! voilà un remède!... et puis, au contraire, c'est très-bon.

MERLANDIER.

Et facile à suivre... même en voyage.

PAINRASSIS.

Du reste nous serons plus à portée pour causer... voyons... Sous quel régime allons-nous marier ces enfants-là!... Il ne s'agit pas ici d'un mariage en l'air... Hé hé!

MERLANDIER.

Ah! très-joli!... la gaîté revient...

PAINRASSIS.

Oui, je me sens beaucoup mieux... sous le régime dotal... Il n'y a pas à balancer... Hé! j'ai manqué de glisser... Moi, monsieur, dans l'espèce, je tiens à garantir les reprises du de cujus, sans préjudicier en rien aux acquets de l'épouse.

MERLANDIER, à part.

Est-ce qu'il ne va pas finir?

PAINRASSIS.

Puisque mademoiselle votre fille tient de vous ses paraphernaux par avancement d'hoirie... Vous comprenez?

MERLANDIER.

Parfaitement!... (A part.) C'est du Chinois!

PAINRASSIS.

On ne saurait prendre trop de précautions pour ne pas tomber... Diable de médicament!... tomber dans des erreurs funestes... C'est pourquoi je vais vous communiquer...

MERLANDIER, à part.

Il y tient!

PAINRASSIS.

Où l'ai-je donc mis?... Ah! le voilà!... Non! C'est encore votre soulier...

MERLANDIER.

Vous seriez bien aimable de me le rendre...

PAINRASSIS.

Ce serait avec bonheur, si j'avais le bras assez long.

MERLANDIER.

Eh bien, jetez-le moi!

PAINRASSIS.

Soit!

MERLANDIER.

En trois coups.

PAINRASSIS.

Vous y êtes?.. Une! deux! trois! (Il le jette.) Ah!!

MERLANDIER.

Oh!! (Dans ce mouvement, tous deux perdent l'équilibre et restent pendus.)

TOUS DEUX ENSEMBLE.

A moi! à moi! la perche! la perche!

SCÈNE XIII

Les Mêmes, THÉODORE entrant de gauche et AJAX de droite.

THÉODORE, courant à son père.

Ah! ah! elle est bien bonne!

AJAX.

Eh! bon Dieu! maître Painrassis.

PAINRASSIS et MERLANDIER.

Sauvez-nous... au secours! (Ajax dégage Painrassis.)

MERLANDIER, gigotant.

Et moi, donc?... Et moi?... (Ajax aide Théodore à descendre Merlandier.)

MERLANDIER.

Ouf!... Oh! merci! (Il remet son soulier.)

PAINRASSIS.

Ah! je me retrouve avec plaisir sur le plancher des... ânes *.

MERLANDIER.

Moi aussi... Monsieur!...

PAINRASSIS.

Monsieur!... Monsieur, nous avons vu Bérénice, nous avons aimé Bérénice... Et c'est au père de Bérénice...

MERLANDIER.

Oui, oui... c'est convenu!

AJAX.

Mais, qu'est-ce que vous faisiez donc là-dessus?

MERLANDIER.

Nous discutions les bases du contrat.

PAINRASSIS.

Que nous n'avons plus qu'à signer.

MERLANDIER.

Vous nous restez à dîner?

PAINRASSIS.

Volontiers... Mais, je brûle du désir de rendre mes devoirs à ces dames.

AJAX.

Je n'ai pas pu les voir... Elles sont à leur toilette.

THÉODORE.

Ah ben, il y en a pour une heure trois quarts.

PAINRASSIS.

Alors, permettez... La mer est-elle loin d'ici?... C'est qu'à Beaune nous n'avons pas de mer.

MERLANDIER.

Vraiment? et depuis quand?

PAINRASSIS.

Mais je ne sache pas que nous en ayons jamais eu.

MERLANDIER.

Et la ville peut s'en passer?

PAINRASSIS.

Oh! nous n'y sommes pas habitués... Si nous l'avions, ça nous ferait plaisir... Mais, n'y étant pas habitués... Du reste,

---

* Ajax, Painrassis, Merlandier, Théodore.

nous avons d'excellent vin... et quand on a du vin comme ça on peut se passer de la mer.

MERLANDIER.

Ah! oui! ah! oui!.. Permettez-moi de vous montrer le chemin.

AJAX.

Moi, j'attendrai ces dames.

PAINRASSIS.

Un prétendu, c'est trop juste!... Allons voir la plage!

THÉODORE, à part.

Sans moi?... Oh! mais, non!

PAINRASSIS.

Air :

Partons! la mer est belle!
La brise nous appelle!
Et la vague étincelle
Des feux d'un jour naissant!

TOUS.

REPRISE ENSEMBLE.

(Ils sortent excepté Ajax.)

SCÈNE XIV

AJAX, puis MADAME MERLANDIER *. Costume de professeur de gymnastique.

AJAX.

Je voudrais pourtant bien voir ma future!... (Madame Merlandier entre à droite.) Ah! quelqu'un!... Quelle est cette mascarade?

MADAME MERLANDIER, sans le voir.

Ce M. Paul qui me laisse en plan!

AJAX, à part.

Madame Merlandier... accoutrée ainsi? (Haut.) Madame...

MADAME MERLANDIER.

Ah! M. Ajax!... Mon vêtement vous étonne?... Ne faites pas attention... Notre professeur de gymnastique est absent, je le remplace.

* Ajax, madame Merlandier.

AJAX.

C'est un détail... Enfin, j'ai donc le plaisir de vous voir... M. Merlandier a dû vous dire...

MADAME MERLANDIER.

Permettez... il ne suffit pas de mettre dans le même sac deux fortunes à peu près pareilles... le côté physique domine la question... Ma fille est bien portante... énergique... elle tient de moi... Vous, monsieur, vous me semblez... pardonnez-moi le mot... fluet, chétif, étiolé...

AJAX.

Vous trouvez ?

MADAME MERLANDIER

Criquet, enfin !

AJAX, vexé.

Ah !

MADAME MERLANDIER.

Il est criquet... Et je vous déclare qu'à mes yeux, la force... Marchez donc un peu, pour voir !

AJAX, étonné.

Quoi, vous voulez ?...

MADAME MERLANDIER.

Oui, oui, marchez, quoi* ! (Il marche et passe devant elle. Elle l'examine.) Heu... heu... pas d'épaules!... pas d'assiette!... (Se ravisant.) Ah!... (Le rappelant par signe.) Éternuez donc un brin ?

AJAX, revenant près d'elle.

Que j'éternue?... C'est que je n'ai pas envie...

MADAME MERLANDIER.

C'est juste... on ne peut pas éternuer comme ça... Tenez ! prenez une prise... faites comme moi. (Elle prise et éternue très-fort.) Hum!!

AJAX, en prend une et éternue très-faiblement.

Tchi !

MADAME MERLANDIER.

Ah ! aye ! aye !... (Elle l'ausculte sur la poitrine et y place son oreille. Même jeu dans le dos.)

AJAX, à part.

Ah ! mais !... elle m'embête !...

MADAME MERLANDIER, le lâchant.

Pas de poumons... pas le moindre poumon!... (D'un ton très-décidé.) Désolée, monsieur, mais vous n'aurez pas ma fille !

---

* Madame Merlandier, Ajax.

AJAX, n'y tenant plus.

Comment! je n'aurai pas votre fille! quand j'avais votre parole... quand les choses sont si avancées... (Furieux.) C'est manquer d'égards, entendez-vous!! (Il marche avec agitation.)

MADAME MERLANDIER.

Plaît-il?

AJAX, exaspéré.

Nom d'un p'tit bonhomme! (Il frappe sur le dynamomètre et remonte.)

MADAME MERLANDIER, voyant le cadran.

Hein? 480!!... Paul n'amène que 350!... Ah çà! vous êtes donc fort, vous?

AJAX, toujours furieux.

Est-ce que je sais?.. Quand on me pousse à bout... je flanquerais... je prendrais... j'enlèverais... (Il prend le gros haltère et l'enlève à bout de bras.)

MADAME MERLANDIER, dans le ravissement.

Ah!!! cet haltère que Paul ne peut soulever!... Charmant jeune homme!... si distingué, si grêle, si laid!... et si fort!!

AJAX, à part.

Qu'est-ce qu'elle a?

MADAME MERLANDIER.

Petit!... vous m'allez!

AJAX.

Ah bah!

MADAME MERLANDIER.

Vous prendrez part à nos luttes... Si tu me tombes... ma fille est à toi!

AJAX.

Comment, vraiment? parce que j'ai...

MADAME MERLANDIER.

Elle est dans le jardin... je t'autorise à aller lui faire ta cour... Va! (Elle lui prend les deux joues, et l'embrasse avec effusion.) Va, mon gendre! (Elle le soulève et le replace de l'autre côté. Tout ébahi, il reprend l'équilibre, et sort par la droite.)

* Ajax, madame Merlandier,

SCÈNE XV

MADAME MERLANDIER, puis PAINRASSIS, en costume de baigneur avec des lunettes.

MADAME MERLANDIER, seule un moment.

Ah! le beau gendre! le fort gendre!... Je le mettrai aux prises avec le Rocher de Saint-Malo... Mais il n'arrive pas ce cher Rocher... Je l'attendais pour cinq heures. Et... (Elle consulte sa montre.)

PAINRASSIS, entrant de gauche sans la voir*.

Ah! quelle mauvaise farce!.. Voilà une mauvaise farce!... J'allais me mettre à l'eau... un affreux galopin me chipe mes effets... je cours après lui... mais, bast!... Voilà, voilà une mauvaise farce!

MADAME MERLANDIER.

Mon Dieu!... S'il ne venait pas!... (L'apercevant.) Ah!

PAINRASSIS.

Hein?... (A part.) Quel est ce gros court?

MADAME MERLANDIER.

C'est lui!... Mon lutteur!... Ah! enfin, Monsieur...

PAINRASSIS, à part.

Cette voix?... Une femme!... Je demande un bosquet!

MADAME MERLANDIER, à part.

Un peu maigre... mais nerveux!

PAINRASSIS.

Oh! mille pardons, belle dame!

MADAME MERLADDIER.

Ne vous excusez donc pas!... (A part.) Il a des lunettes... Pourquoi a-t-il des lunettes?

PAINRASSIS.

C'est que ma tenue...

MADAME MERLANDIER.

C'est celle de la force!... Je vous attendais avec une impatience!...

PAINRASSIS, étonné.

Vous m'attendiez?

---

* Madame Merlandier, Painrassis.

MADAME MERLANDIER.

Parbleu !... (Allant près de lui et le toisant.) Nous lutterons, hein ?

PAINRASSIS.

Plaît-il ?

MADAME MERLANDIER.

Ah !... il me semble que j'y suis !... (Elle frotte les deux mains à terre, puis se pose en lutteuse. Étonnement de Painrassis. Ensuite elle tourne autour de lui guettant le moment pour le saisir. Celui-ci, inquiet, cherche à l'éviter *.)

PAINRASSIS, à part.

Qu'est-ce qu'elle a donc à tourner autour de moi ?... Elle m'inquiète cette virago !... (Elle lui prend les poignets qu'il retire successivement comme s'ils jouaient à la main chaude, et finit par lui en saisir un.) Lâchez-moi !... Qu'est-ce que vous me voulez ?

MADAME MERLANDIER.

Vous le savez bien, malin !... (De l'autre bras, elle l'attire à elle par le cou. Effrayé, il baisse deux fois la tête pour se dégager; à la troisième fois, il brusque le mouvement et se dégage. Enchantée, madame Merlandier dit :) Ah ! il connaît le coup... bravo !... A votre tour... Allons-y à main plate ! (Elle prend une pose et l'attend.)

PAINRASSIS, très-inquiet, à part.

Mais, quelle est cette femme ?... Est-ce bien une femme ?... J'ai peur, moi !

MADAME MERLANDIER.

Voyons... Faites-moi une feinte ?

PAINRASSIS.

Une feinte ?

MADAME MERLANDIER.

Et ne me ménagez pas... Je suis forte, allez ! (Ils tournent en s'observant; pour l'exciter, elle le pousse légèrement sur l'épaule.) Allez donc ! (Même jeu, puis enfin elle lui donne une petite claque sur le front.)

PAINRASSIS, effrayé.

Elle me frappe ?... Ah ! mais !... (Il passe de l'autre côté **. Elle revient sur lui.) Voulez-vous me laisser tranquille ?

MADAME MERLANDIER.

Allons donc !... (Elle lui saisit le bras droit.)

---

* Painrassis, madame Merlandier.
** Madame Merlandier, Painrassis,

PAINRASSIS.
Vous me faites mal!... (Alors le faisant passer par-dessus son épaule droite, elle le renverse sur le dos.)
MADAME MERLANDIER, triomphant.
Ah! les épaules ont touché!... (Elle lui met le pied sur la poitrine *.)
PAINRASSIS, criant avec effroi.
Au secours! à moi! à la garde!

SCÈNE XVI

LES MÊMES, MERLANDIER, entrant de gauche, AJAX, BÉRÉ-NICE, TOUTES LES MODISTES en costume de gymnase entrant de droite, puis THÉODORE, ensuite FRANÇOISE.

MERLANDIER **.
Hé là! hé là! qu'y a-t-il?
TOUS, voyant le tableau.
Ah!
MERLANDIER.
Eh quoi! ma femme?
PAINRASSIS, à part.
La belle mère?... quelle drôle de belle-mère!
MERLANDIER.
Et vous, maître Painrassis... Ah! pour un notaire!...
MADAME MERLANDIER, à part.
Le notaire? Quel drôle de notaire!
PAINRASSIS.
Madame, je suis vraiment confus...
AJAX, avec reproche.
Ah! cher maître!...
PAINRASSIS.
Est-ce ma faute?... Un infâme gamin m'a enlevé mes vêtements... Ah! si je le tenais!!...
THÉODORE, entrant de droite et tenant sous son bras l'habit noir de Painrassis. Il crie comme les marchands d'habits.
Habits! habits! Chand d'habits!...

---

* Madame Merlandier, Painrassis.
** Modistes, madame Merlandier, Painrassis, Merlandier, Ajax, Bérénice modistes.

PAINRASSIS.

Mais, le voilà... ce jeune malfaiteur! (Il veut s'élancer sur lui.)

MADAME MERLANDIER.

C'est Dodore!

MERLANDIER.

C'est mon fils... Veux-tu bien rendre ça! (Il lui arrache l'habit noir et aide Painrassis à le remettre.)

PAINRASSIS, avec satisfaction.

Ah! c'est plus convenable! (A Ajax.) Je vais arranger votre affaire... Prêtez-moi vos gants... (Il en met un à moitié, et passant devant Merlandier.) Madame!... (Se retournant et bas à Merlandier.) Passez-moi votre chapeau... (Merlandier lui donne sa casquette.) Madame... (A Merlandier.) C'est une casquette!... Enfin, n'importe!... Madame! nous avons vu Bérénice, nous avons aimé Bérénice, et... c'est au père, non! c'est à la mère de Bérénice...

MADAME MERLANDIER.

Je sais... je sais... le jeune homme me va!

FRANÇOISE, accourant de gauche.

Madame! madame!... v'là tous vos amis dans le salon! (Elle prend le n° 3.)

MERLANDIER, à sa femme.

Ah! c'est gentil, ça!... tu les as invités pour le contrat.

MADAME MERLANDIER.

Mais non!... pour la lutte.

MERLANDIER.

Quelle lutte?

MADAME MERLANDIER.

La lutte de femmes.

MERLANDIER.

Une lutte de femmes... un jour de fiançailles!... quel scandale! Je vous le défends!...

MADAME MERLANDIER.

Vous me le défendez?... et je vous céderais, moi!... Ah! mais, non!!!

LES FEMMES.

Non! non!

MADAME MERLANDIER.

Nous lutterons!

LES FEMMES.

Oui, nous lutterons!

MADAME MERLANDIER.

Et sitôt l'arrivée de mon hercule...

FRANÇOISE.

Mais il ne peut pas venir!... (Montrant un télégramme.) V'là le papier!

TOUTES.

Ah!

FRANÇOISE.

Il a attrapé un lumbago.

TOUTES.

Oh!

MADAME MERLANDIER.

Malheur!

MERLANDIER, triomphant.

Ah! ah!... vous ferez relâche, madame.

MADAME MERLANDIER.

Tu triomphes, despote!

TOUTES LES FEMMES, en tumulte.

Ah! c'est indigne! c'est epouvantable!...

PAINRASSIS, s'interposant.

Apaisez-vous, flots tumultueux!... (A madame Merlandier.) Et vous, mère orageuse... faites comme moi, prenez la chose gaîment... Tenez, permettez... une légère improvisation... que je comptais vous chanter au dessert...

MERLANDIER, indiquant ses pieds.

Alors, ça va mieux?

PAINRASSIS.

Oh! tout à fait!... c'est souverain! *

(Le chef d'orchestre donne l'accord.)

PAINRASSIS, chantant.

Sexe... (S'arrêtant, parlé.) Air du petit Ebéniste... (Chantant.)

Sexe enchanteur......

(S'arrêtant; parlé.) Vous m'aiderez un peu, hein? (Chantant.)

Sexe enchanteur.....

MERLANDIER, l'interrompant, parlé.

Allez! nous ne vous interromprons plus!...

PAINRASSIS.

Ah!... (Chantant.)

Sexe enchanteur, ah! mettez bas.....

* Modistes, madame Merlandier, Painrassis, Merlandier, Ajax, Bérénice, modistes, Françoise, Théodore.

MADAME MERLANDIER, l'arrêtant.

Comment mettre nos bas?... Oh!

PAINRASSIS, parlé.

Les armes! (Chantant.)

    Sexe enchanteur, ah! mettez bas les armes,
       Afin d'enchaîner tous les cœurs!

TOUS, parlé.

Ah! c'est gentil!

PAINRASSIE, continuant, chanté.

    Et ne luttez que par...

MADAME MERLANDIER.

          Principes!

MERLANDIER.

Non!... par votre amabilité... eu.

PAINRASSIS, parlé.

Du tout... par vos charmes. (Chantant.)

    Et ne luttez que par vos charmes!
    Que c'est comme un bouquet de fleurs!

MADAME MERLANDIER, parlé.

Allons, le notaire y a passé... En chœur!

    Et ne luttons que par nos charmes
    Que c'est un bouquet de fleurs!

FIN

EN VENTE CHEZ DENTU, ÉDITEUR
RÉPERTOIRE DU THÉÂTRE MODERNE

Titre	Prix
Adieu Paniers, comédie, 1 acte	1
Nos alliés, comédie, 3 actes	2
L'Alphabet de l'Amour, comédie 4 actes	1
Les Amours d'Été, fol. v., 1 acte	» 50
L'Amour qui dort, comédie, 1 acte	1
L'Auteur de la pièce, comédie, 1 acte	1
Un Avocat du beau Sexe, comédie, 1 acte	1
L'Avocat des Dames, comédie, 1 acte	1
Un bal d'Alsaciennes, mascarade, 1 acte	3
Les Balayeuses, comédie, 1 acte	1
La Bergère de la rue Montmartre, c., 3 a.	2
Les bienfaits de Champarert, c. 1 acte	1
Le Bigame sans le savoir, v., 1 acte	1
Le Bouchon de Carafe, v., 1 acte	1
La Cagnotte, c.-v. 5 actes	2
Les Calicots, vaudeville, 3 actes	» 50
Les Campagnes de Boisfleury, v., 1 acte	1
Célimare le Bien-Aimé, comédie, 3 actes	2
La Chanson de la Marguerite, v., 2 actes	1
La Chercheuse d'Esprit, op.-com. 2 a.	1
Cinq-cents francs de récompense, v., 1 a.	1
Cinq par jour, folie-vaudeville, 1 acte	1
La Comode de Victorine, c.-v., 1 acte	1
La Comtesse Mimi, comédie, 3 actes	2
Les Contributions Indirectes, c.-v., 1 a.	1
Corneille à la butte St-Roch, c. 1 a. en v.	1
La Cornette Jaune, vaudeville, 1 acte	1
La Dame au petit chien, com.-vaud., 1 a.	1
La Dame du Lac, coméd.-vaud. 1 acte	1
Dans mes meubles, vaudeville, 1 acte	1
La Dernière grisette, vaudeville, 1 acte	1
Le Dernier couplet, comédie, 1 acte	1
Deux Permissions de dix heures, op., 1 a.	1
Le Doyen de Saint-Patrick, drame, 5 a.	2
Eh! Allez donc, Turlurette, revue, 3 actes	» 50
En Ballon, rev. en 3 actes et 14 tableaux	» 50
La Fanfare de St-Cloud, opérette, 1 acte	1
La Femme coupable, drame, 5 actes	2
Une Femme légère, vaudeville, 1 acte	1
Une Femme qui bat son gendre, c.-v., 1 a.	1
Les Femmes sérieuses, com.-vaud., 2 a.	2
Une Femme, un Melon et un Horloger, v. 1 a.	»
La Fiancée du Roi de Garbe, op.-c. 3 a.	4
La Fiancée aux millions, c., 3 a., en vers	1 50
Les Ficelles de Montempoivre, v., 3 a.	2
La Fille bien gardée, com.-vaud., 1 acte	1
La Fille de Molière, coméd., 1 a., en vers	1
Les Filles mal gardées, comédie, 3 actes	2
Le Fils aux deux Mères, drame 5 actes	» 50
Les Finesses de Boucharanne, com., 1 a.	1
La Fleur du Val-Suzon, op.-com., 1 acte	1
Les Gammes d'Oscar, folie-vaud., 1 acte	1
L'Héritier du Mari, c. mêlée de coupl., 1 a.	1
Un Habit par la fenêtre, vaudeville, 1 a.	1
Un Homme de Bronze, com.-vaud., 1 a.	1
L'Homme de Rien, comédie, 4 actes	2
L'Homme du Sud, à propos burlesque mêlé de couplets	1
L'Homme entre deux âges, opérette, 1 a.	1
L'Homme qui manque le Coche, c.-v., 3 a.	2
Les Illusions de l'Amour, c., 1 a., en vers	1
Jérôme Pointu, opérette, 1 acte	1
La Jeunesse du roi Henri, 5 actes et 7 t.	» 50
La Jeunesse de Lyon, comédie, 1 acte	1
J'veux ma Femme, vaudeville, 1 acte	1
Joli-Jobard, pièce, 5 actes	» 50
Le Joueur de Flûte, vaudeville romain	1
Un Jour de Première, com.-vaud., 1 a.	1
Lâchez tout! revue, 3 a. et 15 tableaux	» 50
Léonard, drame, 5 actes et 7 tableaux	» 50
La Loge d'Opéra, comédie, 1 acte	1
Macbeth (de Shakspeare), dr., 5 a., en vers	2
La Maison Rouge, coméd.-vaud., 1 acte	1
La Malle de Lise, sc. de la vie de garçon	1
M'ame Maclou, folie mêlée de chants	1
Un Mari qui lance sa Femme, com., 5 a.	2
Le Mariage de Vadé, com., 3 a., en vers	2
Les Médecins, pièce en 5 actes	2
Le Médecin volant, farce précédée de Molière à Pézenas, prologue, 1 acte	1
Les Médiums de Gonesse, folie, 1 acte	1
Même Maison, vaudeville, 1 acte	1
Les Mémoires d'une Femme de chambre, vaudeville, 2 actes	1
Les Mémoires du Réséda, souv. contemp.	1
Le Minotaure, comédie, 1 acte	1
Misanthrope et Repentir, drame, 4 actes	1 50
Moi, comédie, 3 actes	2
Mon-joie fait peur, parodie de famille, 1 a.	1
Un Monsieur qui a perdu son moi, c.-v., 1 a.	1
Monsieur Boudu, sc. de la vie conjug., 1 a.	1
Monsieur de la Raclée, sc. de la vie bourg.	1
Les Mousquetaires du Carnaval, f.-v., 3 a.	1 50
Une Niche de l'Amour, com.-vaud., 1 a.	1
Les Orphéonistes en Voyage, p., 5 a. 10 t.	» 50
L'Orphéon de Fouilly-les-Oies, f.-m., 1 a.	1
Les Ondines au Champagne, f.-aquat. 1 a.	1
Les Pantins éternels, p., en 3 a. et 6 tabl.	1 50
La Paradis trouvé, coméd., 1 a., en vers	1
Palaud, vaudeville, 1 acte	1
Permettez, Madame! comédie, 1 acte	1
Les Perruques, par.-rev., 2 a. et 5 tabl.	1
Nos Petites faiblesses, comédie, 2 actes	1
Le Petit de la rue du Ponceau, com. 2 a.	1
Les Petits oiseaux, comédie, 3 actes	2
La Piff raro, comédie-vaudeville, 1 acte	1
Le Pilotin du Grand Trois-Ponts, op.-c. 1 a.	1
Les Plantes parasites ou la Vie en Famille, comédie, 5 actes	2
Une Pluie de Bouquets, vaudeville, 1 acte	1
Le Premier pas, comédie, 1 acte	1
Premier prix de Piano, coméd.-vaud., 1 a.	1
Les Projets de ma Tante, coméd., 1 acte	1
Le Propriétaire à la porte, vaudev., 1 a.	1
Prudence est Sûreté, proverbe, 1 acte	1
Que c'est comme un Bouquet de Fleurs, revue, 3 actes et 12 tableaux	» 50
Les Relais, comédie, 4 actes	2
Le Rêve, opéra-comique, 1 acte	1
La Revue au Cinquième étage, à prop., 3 t.	1
Le Roi des Mines, opéra, 3 actes et 6 tabl.	1
Les Scrupules de Jolivet, vaud., 1 acte	1
Le Secret du Grand-Albert, com., 2 actes	1
Une Semaine à Londres, Voyage d'agrément et de luxe, folle-vaud., 5 a., 12 t.	1 50
La Servante maîtresse, com.-com., 2 actes	1
Le Sommeil de l'Innocence, c.-vaud., 1 a.	1
Sous-Cloche, vaudeville, 1 acte	1
Les Supplices des Femmes, r.-fant., 3 a. 6 t.	1
Sous les Toits, vaudeville, 1 acte	1
La Tante Honorine ou les Espérances, comédie, 3 actes	2
Un Ténor pour tout faire, opérette, 1 a.	1
Les Trente-Sept Sous de M. Montaudoin, comédie-vaudeville, 1 acte	1
La Tribu des Rousses, vaudeville, 1 acte	1
Les Truffes, comédie, 4 actes	1
La Veillée Allemande, drame, 1 acte	» 60
La Vieillesse de Bridau, vauder., 1 acte	1
Les Virtuoses du Pavé, bouff. music., 1 a.	» 60
La Volonté, comédie en vers, 5 actes	2
Le Vrai Courage, comédie, 2 actes	1
Le Zouave de la Garde, drame, 5 a. et 7 t.	» 50
Le Voyage en Chine, op.-com., 3 actes	1

Contraste insuffisant

NF Z 43-120-14

www.ingramcontent.com/pod-product-compliance
Lightning Source LLC
Chambersburg PA
CBHW060523050426
42451CB00009B/1133